Cozinha Vegetariana

SANDUÍCHES

CAROLINE BERGEROT
(SEFIRA)

COZINHA VEGETARIANA

SANDUÍCHES

Editora Cultrix
São Paulo

Foto da capa: Paulo Gustavo Bergerot
Revisão: Aurineide Borges Marinho

Para contatos com a autora:
Caixa Postal 22902 CEP: 74916-970 GO

O primeiro número à esquerda indica a edição, ou reedição, desta obra. A primeira dezena à direita indica o ano em que esta edição, ou reedição foi publicada.

Edição	Ano
2-3-4-5-6-7-8-9-10-11	03-04-05-06-07-08-09

EDITORA PENSAMENTO-CULTRIX LTDA.

Rua Dr. Mário Vicente, 368 – 04270-000 – São Paulo, SP – Brasil
Fone: 272-1399 – Fax: 272-4770
E-mail: pensamento@cultrix.com.br
http://www.pensamento-cultrix.com.br

Impresso em nossas oficinais gráficas.

CONVERSA INICIAL

Dedicamos este livro unicamente aos sanduíches.

Durante o dia, à noite, para receber pessoas, é sempre uma refeição rápida e agradável.

Sanduíches são sempre práticos e fizemos este livro para que os leitores percebam que é possível fazer um lanche gostoso, diferente, criativo e, principalmente, saudável.

Tente fazer os pães em casa mas, na falta de tempo, podem ser usados os diferentes tipos que estão disponíveis no comércio e que se prestam bem para este fim.

Colocamos receitas de ketchup e pastas para que o leitor possa, aos poucos, ir se familiarizando com a cozinha, com os alimentos, com toda esta energia que passamos às pessoas, ou a nós mesmos, ao elaborarmos carinhosamente qualquer refeição.

Variar o tipo de pão, de pasta, de folhas vai dando-nos noção de combinações dentro da culinária, e prepararmos nosso próprio alimento permite-nos sentir melhor a energia que ele nos fornece.

Substitua ingredientes de algumas receitas, de acordo com as disponibilidades e gostos.

Tenha sempre em mente que às vezes um tempero que antes não gostávamos, dentro de certa combinação pode transformar-se em saboroso, e aprendemos a nos alimentar de uma outra forma. Mudar certos hábitos e costumes pode ser um passo importante para alguns e podemos tentar isso com a alimentação, que é essencial.

Além da criatividade, ingredientes fresquinhos são básicos no sucesso do sanduíche. Termos uma horta em casa é sempre uma delícia – num xaxim da varanda com tomatinhos pendentes, um vaso com temperos e folhas ou uma hortinha de canteiros... Podemos pensar neste assunto, pois não é trabalhoso: ao contrário, faz um trabalho dentro de nós.

Sejam os sanduíches servidos em uma bandeja, na mesa, ou num cantinho do balcão, guarneça-os, sempre que possível, com raminhos de flores, um guardanapo com dobradura especial ou uma rodela de laranja enfeitando o copo de suco que o acompanha – isso dará um toque de bom gosto ao lanche, além de demonstrar o carinho com que foi preparado.

Bom trabalho!

Índice das Receitas

SANDUÍCHES

SANDUICHÃO

- 1 pão sírio integral
- 1 tomate vermelho cortado em rodelas
- 1 cenoura pequena ralada (as menores são as mais docinhas)
- 4 fatias finas de *tofu*
- 4 colheres de sopa de tahine já diluído

azeite de oliva

- um pouquinho de sal 1 colher de sobremesa ou mais de molho de mostarda

Abra o pão com cuidado. Passe 4 colheres de tahine na parte de dentro, coloque as rodelas de tomate, as fatias de *tofu*, a cenoura ralada e tempere com sal, azeite e mostarda a gosto.

Feche o sanduíche e corte-o ao meio.

SANDUÍCHE ABERTO

- 1 pão sírio, integral, grande
- 4 colheres de sopa de tahine já diluído
- 8 a 10 tomatinhos rubi cortados ao meio
- 7 rodelas de abobrinha italiana fritas (ainda quentes)
- 3 rodelas finas de pimentão verde
- 3 rodelas finas de pimentão amarelo
- 1 colher de chá de orégano seco
- 1 pitada de sal
- 1 colher de chá (ou mais) de *shoyo*
- 2 colheres de sopa de azeite de oliva

Espalhe 2 colheres de sopa de tahine em cada metade de pão, arrume nas duas metades as rodelas fritas de abobrinha, os pimentões e os tomatinhos.

Tempere o sanduíche com orégano, sal, *shoyo* e sirva-o aberto, regado com o azeite de oliva.

SANDUÍCHE-CHILENO

- 1 pão sírio de tamanho médio
- 1 colher de café de chilli em pó
- 1/2 xícara de grãos de milho verde em conserva
- 1 salsicha vegetal bem picadinha
- 1/2 pimentão verde bem picadinho
- 3 folhas de alface inteiras
- 3 colheres de sobremesa de azeite de oliva
- 1 pitada de sal
- 1 pitada de pimenta-do-reino moída

Numa panela pequena, aqueça o azeite de oliva, coloque os pedacinhos de salsicha, e após 5 minutos o milho verde escorrido, temperando em seguida com sal, pimenta-do-reino e 1/2 colher de café de chilli. Após mais 5 minutos retire do fogo e coloque o conteúdo da panela sobre um dos lados do pão sírio, que já deverá ter sido aquecido no forno.

Arrume delicadamente o tomate e o pimentão, salpique a 1/2 colher restante de chilli e coloque as folhas de alface. Feche o sanduíche e sirva-o enquanto o pão está quente.

SANDUÍCHE COM AGRIÃO

- 2 pães redondos com gergelim
- 4 colheres de sobremesa de azeite de oliva
- 2 fatias finas de *tofu*
- 4 aspargos crus, descascados, sem as pontas mais duras e cortados ao meio
- 1 colher de café de salsa seca
- algumas folhas de agrião (retire as partes mais duras)
- 2 folhas grandes de alface crespa
- 6 rodelas de tomate
- 1/2 colher de café de sal
- 1 pitada de páprica doce em pó

Coloque o azeite de oliva numa frigideira grande, frite cuidadosamente as fatias de *tofu* juntamente com os aspargos já cortados. Tempere-os com a salsa desidratada, sal e páprica doce. Vire as fatias de *tofu* delicadamente, para que doure dos dois lados, assim como os aspargos. Tampe e, logo que os aspargos estiverem macios, retire a frigideira do fogo.

Corte os pães ao meio e arrume as fatias de *tofu*, os aspargos e o azeite que ficar na frigideira. Ponha os tomates e as folhas e sirva o sanduíche.

SANDUÍCHE COM ALCAPARRA

- 4 fatias de pão de forma branco comum
- 2 colheres de sopa de pasta de *tofu*
- 2 colheres de azeite de oliva
- 2 colheres de café de alcaparras picadinhas
- 4 colheres de sopa de cenoura "desfiada" (com um cortador de legumes, corte ao comprido fatias finíssimas da cenoura)
- 4 folhas de alface americana
- sal a gosto
- 1 colher de sobremesa de maionese sem ovos
- 2 cerejas em calda

Espalhe 1 colher de sobremesa de pasta de *tofu* em cada fatia de pão. Coloque, para cada sanduíche, 1 colher de café de alcaparras, 2 colheres de sopa de cenoura desfiada, 1 colher de chá de azeite de oliva, 2 folhas de alface americana, a maionese sem ovos e sal a gosto.

Corte os sanduíches ao meio, em triângulo, espete um palito decorando com 1/2 cereja.

SANDUÍCHE COM BANANA EM RODELINHA

- 2 fatias de pão de forma
- 4 rodelas de tomate médio, firmes e bem lavados
- 4 folhas de alface
- 2 colheres de sobremesa de salsinha fresca, picada
- 4 rodelas bem finas de pepino japonês cru
- 1 colher de sopa de *ketchup*
- 1 colher de sopa de azeite de oliva
- 1 colher de sobremesa de maionese sem ovos
- sal a gosto
- 1 banana-prata cortada em rodelinhas, passadas na farinha de trigo, fritas em óleo quente e deixadas em papel absorvente

Passe *ketchup* em uma das fatias de pão e sobre ela arrume as rodelinhas de banana frita, 2 folhas de alface, a maionese sem ovos, 2 rodelas de tomate, 2 rodelas de pepino. Salpique com um pouquinho de sal e coloque as outras duas folhas de alface e as rodelas restantes de pepino.

Tempere o sanduíche com mais sal, regue-o com azeite de oliva e a salsa picada. Sirva-o com cuidado.

SANDUÍCHE COM BERINJELA

- 4 pães pequenos adocicados, tipo bisnaguinha
- 4 colheres de sobremesa de conserva de berinjela
- 4 folhas de alface americana cortadas ao meio
- 2 folhas de alface roxa (4 estações) cortadas ao meio
- 2 colheres de sobremesa de *ketchup*
- 1 colher de chá de molho de mostarda
- 1 pitada de sal
- sementes de cardamomo
- azeite de oliva a gosto

Abra os pães ao meio e arrume as berinjelas em conserva. Tempere os sanduíches com os demais ingredientes e coloque as folhas de alface, tanto a americana como a roxa. Feche-os com cuidado.

SANDUÍCHE COM BETERRABA

- 4 pãezinhos sírios tipo integral
- 4 colheres de sobremesa de pasta de *tofu* e temperos verdes frescos
- 4 fatias grandes de azeitona preta
- 2 colheres de sopa de beterraba crua ralada bem fininha
- 4 colheres de chá de azeite de oliva
- 4 folhas pequenas de alface roxa (4 estações)
- sal a gosto
- mostarda a gosto

Abra os pãezinhos ao meio e coloque dentro de cada um, 1 colher de pasta de *tofu*, 1/2 colher de sopa de beterraba raladinha, 1 fatia grossa de azeitona preta, 1 colher de azeite, 1 folha de alface, sal e mostarda a gosto.

Feche os sanduíches com cuidado e sirva-os.

SANDUÍCHE COM *CURRY*

- 2 pães redondos pequenos, para sanduíches, com gergelim
- 2 colheres de sobremesa de azeite de oliva
- 1 colher de café de *curry* em pó
- 6 rodelas finas de pepino mergulhado por 10 minutos em sumo de limão com sal
- 1 colher de café de ervas finas
- 3 colheres de sopa de repolho cru em tiras muito finas
- 1 colher de sobremesa de sumo de limão caipira
- 3 rodelas finas de tomate maduro (porém firme), bem lavado
- 4 colheres de sobremesa de molho de mostarda

Abra os pães, passe o azeite e arrume as tiras de repolho e as fatias de tomate e de pepino.

Tempere os sanduíches com os demais ingredientes, feche-os e sirva-os.

SANDUÍCHE COM FUNDO DE ALCACHOFRA

- 1 pão sírio integral grande (pode-se aquecê-lo no forno antes de fazer o sanduíche)
- 3 fundos de alcachofra temperados com limão (ou vinagre), sal, pimenta-do-reino moída e temperos verdes
- 4 folhas macias e grandes de alface
- 4 folhinhas de manjericão roxo
- 6 rodelas de erva-doce fresca cortadas bem finas
- 3 colheres de sopa de azeite de oliva
- 1 pitada de sal (ou mais)
- 4 rodelas de tomate-caqui

Abra o pão sírio e coloque, com delicadeza, os fundos de alcachofra, cortados em tiras finas, as folhas de alface e, em seguida, arrume as folhas de manjericão roxo e as rodelas de erva-doce.

Cubra com as rodelas de tomate e tempere com sal e azeite de oliva. Feche o sanduíche com cuidado e sirva-o.

SANDUÍCHE COM *MOYASHI*

- pão de forma em fatias
- 1 pitada de ervas finas secas
- molho de tomate
- 3 tomatinhos rubi
- 2 colheres de sopa de brotos de feijão *moyashi* crus, bem lavados e escorridos
- 1/2 colher de sopa de *missô* diluído em água
- azeite de oliva a gosto

Em uma fatia de pão espalhe o *missô* e coloque os tomatinhos cortados em rodelas. Salpique com ervas finas e espalhe o broto de feijão. Coloque o molho de tomate generosamente na outra fatia de pão, azeite de oliva a gosto, e feche o sanduíche.

SANDUÍCHE COM *MOYASHI* E *TAHINE*

- pãezinhos frescos do tipo integral, de aveia ou mesmo branco (você pode aquecê-los no forno antes de fazer os sanduíches)
- 2 colheres de *tahine* diluído em água
- 2 colheres de sopa de brotos de *moyashi* temperados com 1 pitada de sal, 1 colher de sobremesa de azeite de oliva, algumas passinhas, 1 pitada de chilli
- rodelas de tomate-caqui, não muito maduro
- 1 colher de sobremesa de azeite de oliva
- 1 pitada de sal
- 1 pitada de estragão seco
- 2 folhas de alface roxa

Abra os pães ao meio, espalhe *tahine* nas partes internas e arrume uma porção de broto temperado, algumas rodelas de tomate-caqui e as duas folhas de alface roxa.

Tempere o sanduíche com o sal, o azeite de oliva e o estragão, e feche-o.

SANDUÍCHE COM PALMITO E *TOFU*

- 2 fatias de pão de forma, de preferência o preto
- 1 colher de sopa de pasta de *tofu* temperado (receita 69)
- 1 colher de café de gengibre em pó
- 6 rodelas finas de palmito (corte-as enviesado)
- 1/2 xícara de couve chinesa (ou acelga) cortada bem fina
- sal a gosto
- azeite de oliva a gosto
- 1 colher de sobremesa de vinagre de arroz

Espalhe o creme de *tofu* nas fatias de pão, recheando-o cuidadosamente com o palmito salpicado com gengibre em pó e coberto com a couve chinesa picadinha.

Tempere o sanduíche com mais sal, o vinagre de arroz e azeite de oliva a gosto, feche e sirva-o.

SANDUÍCHE COM PASSINHA

- 1 pãozinho
- rodelas de pepino
- 4 folhas de alface crespa
- 2 colheres de sopa de erva-doce em rodelinhas bem finas
- 1 pitada de raiz-forte em pó
- 8 passinhas escuras, sem sementes
- 1/2 tomate picado bem miudinho e temperado com sal
- 2 colheres de sopa de pasta de grão-de-bico e pimentão

Abra o pãozinho ao meio e espalhe em ambos os lados a pasta de grão-de-bico.

Distribua em um dos lados as fatias de pepino, os pedacinhos de tomate, as folhas de alface e por último as rodelas de erva-doce e as passinhas.

Salpique o sanduíche com raiz-forte e sal, feche-o e sirva cortado ao meio.

SANDUÍCHE COM PÃO FRITO

- 1 pão redondo para sanduíches
- 2 colheres de sopa de creme tipo maionese (vide receita na página 56)
- 4 colheres de sobremesa de *tofu* amassado com temperos verdes
- 1 colher de sobremesa de azeite de oliva
- 3 folhas de alface
- 3 rodelas finas, porém grandes, de tomate meio verde
- 3 rodelas muito finas de pepino
- 2 azeitonas pretas (das grandes) picadas

Coloque o azeite de oliva em uma frigideira e nela aqueça o pão cortado ao meio. Mantenha em fogo baixo até tostar ligeiramente a parte interna de cada metade de pão.

Passe *tofu* temperado nas laterais, e arrume os demais ingredientes deixando para o fim o creme tipo maionese.

SANDUÍCHE COM PASTA DE GRÃO-DE-BICO

- pãezinhos ou fatias de pão de forma
- 2 colheres de sopa de pasta de grão-de-bico (vide receita na página 64) para cada fatia de pão
- 1 cenoura "desfiada" com descascador manual

  fatias de azeitonas
- 1 tomate em fatias finas
- folhas de alface
- azeite a gosto
- sal a gosto
- mostarda de *Dijon* a gosto

Corte os pãezinhos ao meio, passe pasta dos dois lados, coloque a cenoura desfiada, rodelas de tomate bem fininhas, folhas de alface inteiras, tempere com azeite de oliva, azeitonas, sal e mostarda a gosto.

SANDUÍCHE COM PICLES

- 1 pão sírio grande
- 1 colher de sobremesa de azeite de oliva
- 2 colheres de sopa de picles de pepino (faça em casa)
- 2 fatias finas de *tofu* (faça em casa)
- 1 colher de chá de *zattar*
- 2 colheres de sobremesa de *tahine* já diluído
- sal a gosto
- pimenta-do-reino, moída na hora, a gosto
- 1/2 pé de *radicchio* em tiras finas

Abra o pão ao meio, com cuidado para não rasgá-lo, e espalhe por dentro o azeite, arrume as fatias de *tofu*, os picles e o *radicchio*.

Tempere o sanduíche com *zattar*, *tahine*, sal e pimenta-do-reino a gosto e feche-o com cuidado.

SANDUÍCHE COM REPOLHO ROXO E ESCAROLA

- 3 pãezinhos individuais
- 3 colheres de sopa de pasta de *tofu* cremoso (vide receita página 70)
- 1/3 de xícara de repolho roxo ralado bem fininho
- 6 azeitonas chilenas (pretas, bem graúdas) fatiadas ou picadas
- 1 colher de chá de *ketchup* basílico para cada sanduíche
- 1/2 colher de chá de molho de mostarda para cada sanduíche
- 1/3 de xícara de escarola fresca cortada bem fininha
- azeite de oliva a gosto

Abra os pãezinhos, passe patê por dentro de cada um e arrume os demais ingredientes. Feche os sanduíches com cuidado e espete um palito em cada um para que não abram.

SANDUÍCHE COM SALSICHA VEGETAL

- 4 fatias de pão de forma com flocos de centeio
- 2 colheres de sobremesa de azeite de oliva
- 1 pitada de alecrim seco
- 2 salsichas vegetais cortadas ao meio no sentido do comprimento
- sal a gosto
- molho de mostarda a gosto

Esquente o azeite de oliva em uma frigideira, dê uma leve fritada no alecrim, adicione sal e as salsichas cortadas ao meio. Frite-as até os dois lados estarem douradinhos, levemente queimados.

Coloque as fatias de pão na frigideira para que absorvam o azeite. Assim que estiverem quentinhas apague o fogo e monte o sanduíche. Use molho de mostarda a gosto.

SANDUÍCHE COM *SHIMEJI* PARA O JANTAR

- 1 pão sírio grande
- 1/2 xícara de cogumelo *shimeji*
- 2 fatias de berinjela passadas na farinha de rosca, fritas em óleo quente e escorridas em papel absorvente
- 2 colheres de sopa de azeite de oliva
- 1 colher de sobremesa de orégano
- 1 colher de sobremesa de molho de mostarda
- 1 colher de sobremesa de *ketchup*
- 1/2 colher de chá de sal
- 2 folhas grandes de alface americana

Frite as fatias de berinjela e reserve-as. Em outra frigideira coloque as colheres de azeite e frite os cogumelos, temperando-os em seguida com orégano, mostarda, *ketchup* e sal. Mantenha a frigideira destampada e em fogo alto e, assim que os cogumelos estiverem macios, apague o fogo.

Arrume dentro do pão sírio as fatias de berinjela fritas, os cogumelos e as folhas de alface. Sirva-o enquanto o recheio está quente, no prato, com talheres.

SANDUÍCHE COM *SHIITAKE* DELICIOSO

- 2 pães redondos próprios para sanduíches
- 1/2 xícara de *shiitake* cru, bem lavado
- 1 colher de chá de sementes de papoula
- 4 rodelas de tomate bem firme
- 1/2 colher de chá de sal
- 3 colheres de sopa de azeite de oliva
- 2 colheres de sopa de creme tipo maionese (vide receita na página 56)
- 4 folhas de alface tipo americana
- *ketchup* a gosto

Aqueça os pães por 5 minutos no forno.

Enquanto isso, numa frigideira, coloque as 3 colheres de azeite de oliva e frite ligeiramente os *shiitakes*. Tempere-os com sal e as sementes de papoula. Assim que os *shiitakes* estiverem macios, desligue o fogo.

Dentro de cada pão, cortado ao meio, passe 1 colher de sopa do creme tipo maionese e arrume os *shiitakes*, 2 rodelas de tomate e 2 folhas de alface.

Coloque *ketchup* e mais sal, se necessário.

SANDUÍCHE COM TOMATE VERDE FRITO

- 2 fatias de pão de centeio
- 4 fatias de tomate bem verde e firme, salpicadas com sal e passadas no fubá, fritas em óleo quente e escorridas em papel absorvente
- 4 pimentões cambuci (chapéu-de-frade) em rodelas finas
- 2 colheres de sopa de *tahine* diluído
- 1 colher de sopa de fatias de azeitonas verdes
- 1 colher de café de orégano
- 2 colheres de maionese sem ovos
- algumas folhinhas de agrião, sem os cabinhos
- alface tipo americana
- sal a gosto

Sobre uma das fatias de pão, arrume as rodelas de tomate, o pimentão cambuci e as fatias de azeitonas. Salpique orégano e mais sal se achar necessário.

Coloque o molho e distribua delicadamente as folhinhas de agrião e alface e um pouquinho de sal a gosto.

Prenda o sanduíche com um palito e sirva-o.

SANDUÍCHE DE CENOURA

- 2 pãezinhos redondos e macios
- 2 colheres de sobremesa de mostarda
- 2 colheres de sopa de *ketchup* picante
- 1 cenoura ralada bem fininho
- fatias bem finas de pepino
- 4 azeitonas chilenas em fatias grandes
- 2 colheres de chá de azeite de oliva
- 4 folhas de alface lisa
- sal a gosto

Misture a mostarda com o *ketchup* e espalhe-os nos pãezinhos cortados ao meio.

Distribua a cenoura em duas metades do pão, assim como as fatias de pepino, e nas outras duas metades coloque as fatias das azeitonas com 1 colher de azeite de oliva.

Arrume as duas folhas de alface, uma sobre cada metade dos sanduíches, coloque sal a gosto e feche-os com cuidado.

SANDUÍCHE DE ENDÍVIA E COGUMELO

- 1/2 pão tipo baguete bem fresquinho
- 1/2 pé de endívia cortado em tiras
- 3 ou 4 alcaparras
- algumas rodelas de tomate não muito maduro
- 1 xícara de cogumelo francês, em fatias finas
- 2 colheres de sobremesa de azeite de oliva
- 1 pitada de mostarda em pó
- 1 pitada de pimenta-do-reino moída
- 2 ou 3 gotas de limão
- 1/2 colher de café de sal
- molho de mostarda e *ketchup* a gosto

Coloque, num prato fundo, as fatias de cogumelos e as tiras de endívia, e tempere tudo com azeite de oliva, mostarda em pó, pimenta-do-reino, sal e gotas de limão.

Aqueça ligeiramente a baguete no forno, corte-a ao meio, passe um pouco de azeite nas duas partes de dentro e forme o sanduíche com as fatias de tomate, as tiras de endívia e os cogumelos já temperados. Sirva-o com mostarda e *ketchup* a gosto.

SANDUÍCHE DE ESPINAFRE

- 2 fatias de pão de forma
- 1 colher de sopa de espinafre cozido e cortado bem fininho (pode-se usar o enlatado, na falta do espinafre fresco)
- 2 colheres de sopa de azeite de oliva
- 3 folhas de alface crespa
- 1 colher de sopa de coentro fresco bem picado
- 1 colher de café de manjericão seco
- 3 rodelas de pepino em conserva
- 1 azeitona sem caroço

Espalhe o azeite de oliva nas fatias de pão e distribua o espinafre coberto com os temperos, as rodelinhas de pepino e as folhas de alface.

Feche o sanduíche com o auxílio de palitos e neles espete a azeitona.

SANDUÍCHE DE FIGO COM CREME DE *TOFU* E AZEITONAS VERDES

- 2 fatias de pão de forma sem casca
- 1 colher de sopa de pasta de *tofu* e temperos (vide receita na página 66)
- 4 rodelas de tomate
- 3 folhas de alface roxa
- 4 rodelas finas de figo fresco
- 1 colher de café de azeite de oliva
- 1 pitada de sal

Passe o creme de *tofu* nas fatias de pão, arrume as rodelas de tomate, as folhas de alface e as rodelas de figo.

Tempere com azeite de oliva e sal e corte o sanduíche ao meio, deixando-o com formato triangular.

SANDUÍCHE DE MILHO VERDE

- 3 fatias de pão de forma sem casca
- 2 colheres de sopa de grãos de milho verde cozido (pode-se usar o milho em conserva)
- 2 colheres de sopa de *tahine* diluído
- 4 rodelas finas de pepino caipira
- 4 rodelas grandes de tomate
- 2 folhas frescas de manjericão
- 1 colher de sobremesa de azeite de oliva
- 1 pitada de sal

Passe tahine numa das fatias de pão e coloque as duas colheres de milho verde e as rodelas de tomate. Cubra com a outra fatia de pão e passe 1 colher de *tahine* na parte voltada para cima.

Acrescente as rodelas de pepino, as outras duas rodelas de tomate, e sobre eles folhas de manjericão. Salpique com sal e o azeite de oliva, e feche-o com a terceira fatia de pão.

Espete um palito no sanduíche e sirva-o no prato, com talheres.

SANDUÍCHE DE PIMENTÕES

- 2 fatias de pão de forma
- 2 colheres de sopa de azeite de oliva
- 4 tiras compridas e finas de pimentão verde
- 4 tiras compridas e finas de pimentão vermelho
- 4 tiras compridas e finas de pimentão amarelo
- 1 colher de chá de manjericão seco
- 1 colher de chá de sementes de mostarda
- 1/2 colher de chá de pimenta-do-reino verde
- 3 rodelas finas de tomate não muito maduro
- 2 folhas de alface americana
- 2 fatias finas de *tofu*
- 1 colher de café de sal

Em uma frigideira coloque o azeite de oliva, as tiras dos pimentões, sal, manjericão seco e as sementes de mostarda e a pimenta-do-reino amassada. Assim que as tiras de pimentão estiverem bem fritas, mas sem estarem escuras, adicione as fatias de *tofu* e tampe.

Após 5 minutos apague o fogo, ponha tudo sobre uma das fatias de pão e por último coloque os tomates e as folhas de alface.

Feche o sanduíche com cuidado e sirva-o quente.

SANDUÍCHE DIFERENTE

- 3 fatias de pão de forma de aveia
- 2 colheres de sopa de pasta de pimentão (vide receita na página 65)
- 6 rodelas de tomate maduro e firme
- 1/3 de xícara de broto de alfafa
- 1 colher de sopa de molho de mostarda
- 4 aspargos cortados ao meio (para não ficarem tão compridos)
- azeite de oliva a gosto
- sal a gosto

Em duas fatias do pão espalhe as 2 colheres de pasta de pimentão. Em uma dessas fatias arrume 3 rodelas de tomate e o broto.

Coloque a outra fatia de pão com pasta e sobre ela as 3 rodelas de tomate restantes, os aspargos, o molho de mostarda, o azeite de oliva.

Salpique sal a gosto e feche o sanduíche com a terceira fatia de pão.

Espete um palito para que o sanduíche não se abra.

SANDUÍCHE ELEGANTE

- 2 fatias grandes de pão integral sem a casca
- 2 colheres de sobremesa de pasta de grão-de-bico com pimentão
- 2 rodelas finas de tomate meio verde
- 1 colher de chá de molho de mostarda
- 1 colher de chá de *ketchup* picante (vide receita página 61)
- 4 *champignons* grandes, cortados em fatias
- 2 folhas de alface crespa
- sal a gosto
- alguns quadradinhos de melão

Deixe as fatias de *champignons* descansarem alguns minutos na mistura de mostarda e *ketchup*.

Espalhe a pasta nas fatias de pão. Arrume numa delas as 2 rodelas de tomate, os champignons com a mostarda e o *ketchup* e as folhas de alface.

Use sal a gosto e feche o sanduíche com a outra fatia. Sirva-o cortado ao meio, decorando cada triângulo com um quadradinho de melão espetado num palito.

SANDUÍCHE FINO COM TOMATE SECO

- fatias de pão de centeio
- 1/2 xícara de tomates secos já temperados a gosto e cortados em tirinhas
- 1 colher de sobremesa (rasa) de manjerona seca
- algumas folhas de alface tipo americana
- 1 pitada de louro em pó
- 1/2 pimentão amarelo cortado em tiras finas
- 1 colher de sobremesa de azeite de oliva
- 1 pitada de sal
- cubinhos de abacaxi (opcional)

Sobre uma das fatias de pão, arrume os tomates temperados, em seguida as folhas de alface e sobre elas as tiras de pimentão.

Salpique o sanduíche com a manjerona e o sal, regue-o com azeite de oliva e feche-o com cuidado, espetando um palito com um cubinho de abacaxi, se houver.

SANDUICHINHO FINO

- 4 pães pequenos, redondos, integrais
- 8 colheres de sobremesa de pasta de berinjela
- 8 rodelas, finas, de tomate-caqui não muito maduro, bem lavado
- 4 raminhos, sem os talos, de salsa crespa (não picá-los)
- 8 fatias bem finas de maçã vermelha descascada
- sal a gosto
- 1 pitada de páprica doce
- azeite de oliva a gosto

Abra os pães e, dentro de cada um, coloque 2 colheres de pasta de berinjela, 2 rodelas de tomate (bem arrumadas), 2 ramos de salsa crespa, 2 fatias de maçã, uma pitada de sal e a páprica.

Coloque azeite de oliva a gosto e espete um palito em cada sanduichinho para que não abram.

SANDUÍCHE-FRANCÊS

- 1/2 baguete bem fresquinha
- 1 colher de café de sementes de papoula
- 1/2 beterraba cozida
- 3 colheres de sobremesa de azeite de oliva
- 2 colheres de sobremesa de salsa crespa picada
- 1 colher de sobremesa de molho de mostarda
- 2 colheres de sobremesa de água
- 1 pepino em rodelas finas
- 1 tomate não muito maduro em rodelas finas
- 4 folhas de alface
- 4 azeitonas pretas
- 1 rabanete em rodelas muito finas

Bata no liqüidificador a beterraba com o azeite de oliva, a salsinha, o sal, a mostarda e a água.

Sobre um dos lados da baguete aberta, arrume o pepino, e sobre ele, o tomate, as azeitonas pretas, as folhas de alface e por último as rodelas de rabanete. Regue o sanduíche com o molho de beterraba e feche-o.

SANDUÍCHE-ITALIANO

- 2 fatias de pão italiano
- 1/2 xícara de creme vermelho (vide receita na página 64)
- 1/2 abobrinha italiana em rodelas finas
- 3 folhas de alface
- 1 colher de café de sal
- 1 colher de café de orégano
- 2 colheres de sobremesa de azeite de oliva
- 4 folhas de basílico
- endívia em tirinhas

Em uma frigideira coloque, arrumando bem, as rodelas de abobrinha, salpicadas com o sal, o orégano e o azeite de oliva. Tampe e espere que as abobrinhas amoleçam. Espalhe o creme vermelho pelas fatias de pão, e arrume a abobrinha, o basílico e as tiras de endívia. Feche e sirva imediatamente.

SANDUÍCHE-PARIS

- 2 fatias de pão de forma claro
- 2 fatias de pão de forma escuro
- 1 xícara de conserva de berinjela
- 6 folhas de alface crespa

Sobre as fatias de pão escuro, distribua a conserva de berinjela e as folhas de alface. Feche os sanduíches com as fatias de pão claro e sirva-os, cada um, sobre folhas de alface.

SANDUÍCHE-PERUANO

- 4 fatias de pão de forma
- 1/2 xícara de fatias de azeitonas verdes
- 1/2 xícara de salsa picada
- 2 colheres de sobremesa de azeite de oliva
- 1/2 colher de café de sal
- 1 tomate picado
- 1 tomate em rodelas
- 6 folhas da alface
- 2 rodelas de laranja
- 1 pitada de pimenta-do-reino moída

Bata no liqüidificador as azeitonas, o tomate picado, a salsa e o azeite de oliva.

Espalhe o creme obtido nas fatias de pão e distribua em duas delas as rodelas de tomate e as folhas de alface.

Salpique pimenta-do-reino a gosto e feche os dois sanduíches com as fatias de pão restantes.

Sirva-os com rodelas de laranja sobre eles, presas com um palito.

SANDUÍCHE-POLONÊS

- 2 fatias de pão de forma

  creme de milho verde para sanduíches (vide receita na página 55)
- 4 folhas de rúcula cortadas bem fininhas
- 4 rodelas de tomate verde
- 1 pitada de sal
- 1 pitada de pimenta-do-reino escura
- 1 pitada de pimenta-da-jamaica
- azeite de oliva a gosto

Espalhe o creme de milho nas fatias de pão e arrume as rodelas de tomate, as folhas de rúcula cortadas.

Tempere o sanduíche com as pimentas e sal e feche-o com a fatia de pão.

Sirva-o com azeite de oliva a gosto.

SANDUÍCHE QUENTE

- 4 fatias de pão de forma (para 2 sanduíches)
- 4 colheres de sopa de azeite de oliva
- 4 colheres de sobremesa de molho de tomate já temperado
- 12 rodelas grandes de tomate
- 4 colheres de sobremesa de uma pasta para sanduíches
- 4 folhas de alface crespa
- sal a gosto
- pimenta-do-reino moída na hora a gosto

Coloque as fatias de pão em um pirex untado com azeite de oliva e sobre cada uma espalhe 1 colher de azeite de oliva, 1 colher de molho de tomate, 4 rodelas de tomate, sal e pimenta-do-reino a gosto.

Leve-as ao forno alto por 10 minutos.

Ao retirar do forno, coloque 1 colher de pasta sobre cada fatia, 2 folhas de alface crespa, sal e azeite de oliva a gosto e feche-as com cuidado.

Sirva os sanduíches ainda quentes.

SANDUÍCHE SIMPLES COM SALSICHA VEGETAL

- pães (de sua preferência)
- algumas salsichas vegetais (tire-as da lata e dê uma ligeira passada em água fria)
- rodelas finas de tomates
- 1 talo de aipo cortado em rodelas finas
- 1 colher de café de pimenta-do-reino verde amassada com garfo
- molho de mostarda a gosto
- *ketchup* a gosto
- 1 colher de café de sal
- 4 colheres de sopa de óleo ou azeite de oliva

Esquente o óleo em uma panela larga e frite as salsichas escorridas. Deixe que fiquem bem douradas dos lados e então acrescente o sal e a pimenta-do-reino verde já amassadinha, mexendo delicadamente com um garfo ou colher de pau.

Aqueça os pães e faça os sanduíches, colocando as salsichas douradas, as rodelas finas de tomate e aipo, o *ketchup* e a mostarda a gosto.

SANDUÍCHE-TEDESCO

- 2 pães de batata pequenos
- 1/2 xícara de repolho ralado
- 1/2 xícara de cenoura ralada
- 1 colher de sopa de *ketchup*
- 1 colher de sopa de molho de mostarda
- 1/2 colher de chá de açúcar
- 1 pitada de sal
- 6 minipepinos em conserva, cortados em rodelinhas
- 6 folhas de alface crespa
- maionese sem ovos a gosto

Misture muito bem a maionese, o repolho, a cenoura, a mostarda, o *ketchup*, o sal e o açúcar.

Espalhe essa mistura sobre as metades dos pães, distribua os minipepinos em conserva e as folhas de alface.

Feche os sanduíches e sirva-os.

SANDUÍCHE TIPO *HOT DOG*

- pães para hot-dog (sem ovos)
- 1 lata de salsicha vegetal (ao retirá-las da lata, passe-as em água fria e escorra bem)
- 1 xícara de molho de tomate Pepperoni, já pronto
- 1 pimentão verde em rodelas
- 1 colher de sobremesa de ketchup azeitonas
- 1 colher de sobremesa de molho de mostarda
- 4 colheres de sopa de óleo ou azeite de oliva
- maionese sem ovos a gosto
- 1/2 colher de sobremesa de sal

Coloque as 4 colheres de óleo ou azeite de oliva em uma panela larga e frite as salsichas por 5 minutos aproximadamente, virando-as para que dourem bem. Acrescente os pimentões cortados em rodelas, o sal, e deixe no fogo por mais 5 minutos. Coloque 1 colher de sobremesa de mostarda, 1 colher de sobremesa de *ketchup* e o molho de tomate. Tampe a panela e deixe em fogo baixo por 10 minutos aproximadamente.

Mantenha os pães no forno baixo até as salsichas ficarem prontas, e então monte os sanduíches e sirva-os.

Pastas e Variações de *Ketchup*

CREME DE MILHO PARA SANDUÍCHES

- 1 lata de milho verde em conserva, com a água
- 3 colheres de sobremesa de temperos verdes secos ou frescos
- 2 colheres de sopa de maisena
- 1 colher de chá de sal
- 1/2 colher de chá de açúcar

Reserve metade dos grãos de milho e a outra metade bata no liqüidificador junto com a água.

Coloque tanto os grão batidos quanto os inteiros em uma panela e leve-a ao fogo baixo, com os demais ingredientes. Se estiver muito seco, coloque mais 1/2 xícara de água antes de levar a panela ao fogo.

Assim que obtiver o ponto de um mingau, retire a panela do fogo. Não espere engrossar muito, pois o creme endurece um pouco.

CREME TIPO MAIONESE

- 3 batatas inglesas grandes descascadas
- 1/2 colher de sobremesa de sal
- 3 colheres de sopa de sumo de limão
- 5 colheres de sopa de azeite de oliva
- 4 colheres de sopa de molho de mostarda

Cozinhe as batatas descascadas em uma panela com água e sal.

Bata no liqüidificador as batatas ainda quentes com os demais ingredientes e adicione um pouco da água quente da panela caso esteja muito seco.

Experimente o creme e tempere mais se achar necessário.

CREME VERMELHO DE MILHO VERDE

- 2 espigas de milho verde
- 1 colher de sopa de azeite de oliva
- 1 xícara (aproximadamente) de molho de tomate temperado com pimentões
- 1 colher de café de sal
- 1/2 pimentão verde picadinho
- 1/2 xícara de pimentão amarelo picadinho
- 1 colher de chá de aipo seco
- 1/2 xícara de temperos verdes

Retire, cortando com uma faca, os grãos de milho das espigas, tempere-os com sal, temperos verdes, pimentões, aipo seco, e leve-os ao fogo em uma panela com o azeite de oliva já quente. Quando começar a fritar, coloque 1 xícara de molho de tomate e deixe em fogo brando por 15 minutos.

Retire a metade do conteúdo da panela e bata no liqüidificador, misturando em seguida com a metade que não foi batida.

Use essa pasta para sanduíches variados.

KETCHUP

- 21 tomates médios, bem maduros
- 7 colheres de sopa de açúcar
- 1 colher de sobremesa de sal
- 1 colher de sopa de vinagre

Coloque os tomates, o sal e o açúcar numa panela e deixe-a em fogo alto, semitampada, por aproximadamente 25 minutos.

Adicione a colher de vinagre e deixe mais 5 minutos.

Depois de frio bata tudo no liqüidificador e em seguida passe por uma peneira.

Conserve o *ketchup* em geladeira.

KETCHUP COM AZEITONAS

- 8 tomates grandes, bem vermelhos e firmes
- 4 colheres de sopa de açúcar
- 15 azeitonas verdes sem caroço
- 1/2 colher de sobremesa de sal
- 1 colher de café de urucum em pó
- 1 colher de sopa de vinagre
- 1 colher de sobremesa de tomilho seco

Lave os tomates e coloque-os numa panela junto com os demais ingredientes, exceto o vinagre.

Leve a panela ao fogo alto, semitampada, por aproximadamente 20 minutos.

Adicione o vinagre e ferva por mais 5 minutos. Apague o fogo e, assim que o *ketchup* estiver morno, bata-o no liqüidificador e passe-o por uma peneira.

Conserve o *ketchup* em vidros, dentro da geladeira.

KETCHUP BASÍLICO

- 10 tomates grandes, maduros
- 4 colheres de sopa de açúcar
- 10 folhas de basílico (manjericão) fresco
- 2 sementes de cardamomo
- 1/2 colher de sobremesa de sal
- 1 colher de sopa de vinagre

Lave bem os tomates e coloque-os numa panela com os demais ingredientes.

Deixe a panela semitampada em fogo alto por 30 minutos. Mexa de vez em quando.

Apague o fogo, prove o tempero, corrigindo-o se necessário, e espere esfriar.

Bata o *ketchup* no liqüidificador e passe-o por uma peneira.

Conserve-o em vidros bem fechados, na geladeira.

KETCHUP PICANTE

- 10 tomates grandes, bem maduros
- 6 colheres de sopa de açúcar mascavo
- 1/2 pimenta vermelha (malagueta)
- 1 colher de sobremesa rasa de sal
- 1 colher de sopa de vinagre

Cozinhe, por 30 minutos e em fogo alto, os tomates com o sal, o açúcar mascavo e a pimenta malagueta(não a pique).

Coloque 1 colher de vinagre e cozinhe por mais uns 7 minutos.

Retire a pimenta, bata os tomates cozidos no liqüidificador e passe por uma peneira.

Coloque o *ketchup* pronto em um recipiente e conserve-o em geladeira, bem tampado.

PASTA DE BERINJELA E AZEITONA

- 1 berinjela média
- 6 azeitonas chilenas (pretas, bem graúdas)
- 1 colher de sopa de *tahine* concentrado
- 1 colher de café de sumo de limão
- 1 colher de sopa de molho de tomate
- 2 colheres de sopa de azeite de oliva
- 1/2 colher de sobremesa de sal

Lave a berinjela por fora, usando água e uma esponja, e coloque-a inteira em uma assadeira ou pirex, levando ao forno quente, sem tampar.

Asse-a por aproximadamente 15 minutos, ou até estar bem macia.

Retire a casca fina que já estará se soltando e corte a berinjela em alguns pedaços.

Bata-a no liqüidificador com os demais ingredientes.

Experimente e corrija o tempero.

Mantenha a pasta em geladeira.

PASTA DE CENOURA

- 2 cenouras cozidas
- 2 ou 3 tomates secos em conserva, bem picadinhos
- 1/2 xícara de coentro fresco picado
- 4 colheres de sopa de azeite de oliva
- 1 pitada de sal

Após cozinhar as cenouras, bata-as no liqüidificador com o azeite de oliva, o coentro, os tomates, o sal e um pouquinho de água.

Prove o tempero e corrija-o, se necessário.

PASTA DE GRÃO-DE-BICO E PIMENTÃO

- 1/2 xícara de grão-de-bico
- 3 xícaras de água
- 1 colher de sobremesa rasa de sal
- 1 colher de sopa de pimentão vermelho bem picado
- 1 colher de sopa de pimentão verde bem picado
- 1 colher de sopa de pimentão amarelo bem picado
- 2 colheres de sopa de azeite de oliva
- 1/2 colher de café de pimenta-do-reino moída na hora

Deixe o grão-de-bico de molho por uma noite.

No dia seguinte, escorra a água e coloque os grãos numa panela de pressão com as 3 xícaras de água e cozinhe em fogo médio por 30 minutos.

Bata no liqüidificador o grão-de-bico já cozido, o sal e o azeite de oliva. Prove o tempero e corrija-o, se necessário.

Vire a pasta em uma tigela e misture então os pimentões. Mantenha-a em geladeira.

É uma pasta ótima para sanduíches ou para passar sobre torradas.

PASTA DE PIMENTÃO E *TAHINE*

- 1/2 pimentão amarelo, bem lavado e cortado em rodelas
- 1/2 pimentão verde, bem lavado e cortado em rodelas
- 1 colher de sopa de *tahine* concentrado
- 6 azeitonas chilenas cortadas em fatias
- 1 colher de sopa de azeite de oliva ou óleo
- temperos verdes a gosto
- 1/2 colher de sobremesa de sal
- 1 pitada de alecrim

Coloque o azeite de oliva em uma panela ou frigideira e frite os pimentões juntamente com o sal, os temperos verdes e as azeitonas chilenas.

Após 5 minutos, bata os pimentões fritos e todos os demais ingredientes no liqüidificador. Assim que se tornar uma pasta cremosa, desligue.

Pode ser necessário colocar um pouquinho de água (nunca coloque água gelada) no liqüidificador para ficar mais fácil, porém cuidado para não deixar a pasta muito amolecida!

Corrija o tempero se achar necessário.

PASTA DE *TOFU* E TEMPEROS VERDES

- 1 xícara de *tofu* picadinho
- 3 folhas de hortelã picadinha
- 1 colher de chá de orégano
- 1/2 xícara de temperos verdes frescos picados
- 1 pitada de louro em pó
- 1 colher de café de *zattar*
- 2 colheres de sopa de azeite de oliva
- 1/2 colher de sobremesa de sal

Amasse bem o *tofu* com um garfo e misture os temperos verdes, a hortelã, o orégano, o louro e o *zattar*. Mexa bem até que fique bem homogêneo.

Adicione o azeite de oliva e o sal à pasta e mantenha-a em geladeira até o momento de usá-la.

TAHINE PARA SANDUÍCHES

- 3 colheres de sopa de *tahine*, que encontramos em lata (já com sal) ou em potes plásticos (geralmente sem sal)
- 4 colheres de água filtrada, aproximadamente (varia de acordo com a consistência desejada)
- sal, *shoyo* ou *missô*, se necessário

Coloque o *tahine* concentrado em uma tigela, vá mexendo com um garfo, de forma circular, e, aos poucos, vá adicionando a água até chegar num ponto cremoso.

Acrescente um pouco de sal, *shoyo* ou *missô*, se o *tahine* não vier salgado.

Mantenha o tahine diluído guardado em geladeira e lembre-se de que normalmente tende a engrossar quando em locais mais frios.

TOFU

- 5 xícaras de grãos crus de soja (que equivalem a mais ou menos 13 xícaras de soja inchada)
- 26 xícaras de água quente
- 2 colheres de sobremesa de sal

Tipos de coalhos:

- 1/2 xícara de sumo de limão diluído em 1/2 xícara de água ou
- 1/2 xícara de vinagre comum diluído em 1/2 xícara de água ou
- 8 colheres de sopa de sal amargo também diluído em 1/2 xícara de água

Deixe a soja de molho por oito horas.

Descarte essa água e bata a soja no liqüidificador: para cada xícara de soja inchada use duas de água quente.

Passe a soja que foi batida no liqüidificador por uma peneira e depois por um saco de tule, pano de prato limpo ou outro pano ralo.

Ferva esse leite de soja e deixe-o cozinhar em fogo baixo por 15 minutos, contando a partir do início da fervura.

Desligue o fogo e coloque o sal e um dos coalhos (já diluído em água).

Espere 15 minutos e passe o leite (que deverá estar talhado) pelo mesmo saco de tule usado anteriormente.

Pendure o saquinho e deixe escorrer. Retire o *tofu* quando estiver na consistência desejada.

Use o próprio saco de tule na falta de uma forma especial para queijos, ou coloque-o firmemente em uma forma para dar formato de queijo e facilitar o corte das fatias, posteriormente.

Conserve o *tofu* em geladeira.

TOFU CREMOSO

- 1 e 1/2 xícara de *tofu*
- 4 colheres de sopa de azeite de oliva
- 2 colheres de sopa de molho de tomate
- 1/2 colher de chá de sal
- 1 colher de chá de sementes de mostarda
- 1 colher de chá de mostarda em pó
- 1 colher de sobremesa de água
- 1 pitada de páprica doce
- 1 pitada de açúcar
- 1/2 tomate sem sementes bem picadinho
- 4 folhas de hortelã bem picadinha
- 3 colheres de sopa de talo picadinho de erva-doce fresca

Bata o *tofu* no liqüidificador com o molho de tomate, o azeite de oliva, o sal, a mostarda em grãos, a mostarda em pó, a páprica, o açúcar e a água.

Vire este creme do liqüidificador em uma tigela e adicione os demais ingredientes, que deverão ser bem picados.

Mantenha a pasta em geladeira e use-a em sanduíches, torradas ou fatias de pão fresco.

TOFU COM PIMENTA-DO-REINO

- 1 xícara de *tofu* picado
- 1 colher de sobremesa de pimenta-do-reino verde
- 1 colher de café de pimenta-do-reino seca, moída
- 1 pitada de sal
- 2 colheres de sobremesa de azeite de oliva

Amasse bem a pimenta-do-reino verde e acrescente o *tofu*, continuando a amassá-lo.

Junte os demais ingredientes e misture-os muito bem.

Mantenha o *tofu* temperado em geladeira até a hora de servi-lo ou usá-lo para os sanduíches.

Da mesma autora leia também:

Cozinha Vegetariana

Saúde e bom-gosto em mais de 670 receitas

Receitas de fácil elaboração que agradam em todos os ambientes e lares. Uma forma de descobrir o vegetarianismo como uma alimentação saudável, saborosa e atraente.

Editora Cultrix